AF229768

DU GOUVERNEMENT RÉVOLUTIONNAIRE,

OU

DU REFUS DES SUBSIDES.

> Usurper, c'est violer la règle constitutive
> de ses droits et de son être, en tant que chose
> constituée : c'est cesser d'exister à ce titre.
> (*Du Gouvernement constitutionnel*, p. 57.)

PARIS,

A. PIHAN DELAFOREST,

IMP. DE MONSIEUR LE DAUPHIN ET DE LA COUR DE CASSATION,

rue des Noyers, n° 37.

1830.

Et malheur aux empires, où des politiques à vue trouble et louche, font mépris des droits progressivement attribués par l'Eternel, dans la mesure du développement de la perfectibilité sociale, dont le principe fut par un effet de sa grace, inoculé à sa créature favorite,

Où de prétendus hommes d'Etat, font mépris des moyens applicables en la même raison, au maintien de l'ordre et aux progrès du bien-être, à l'aide de cet accord précieux des volontés, de ce puissant concours des intelligences, qui résultent du système, connu sous le nom vague et faux de représentatif.

Et malheur aussi, aux peuples que de vains sophismes égarent, que des factions perfides entraînent jusqu'à pousser au-delà du juste degré, du degré possible, les conséquences naturelles d'un tel système; car en franchissant la limite ou seulement en forçant le mouvement, d'abord on aura ébranlé, abattu, ce qui existait, et qui du moins, à ce titre, appelait le respect, apportait un appui; puis, on ne saura comment fonder, édifier, ce qui doit apparaître en place, soit par le défaut des ressources matérielles, soit par le manque des pouvoirs intellectuels.

Nous en sommes là. (*La Royauté*, p. 25.)

« Le pouvoir de refuser le bill des subsides, fait que le
gouvernement est dans la chambre des communes. »
(*Débats*, 2 octobre 1829.)

Voilà le principe, et voici les conséquences.

Le droit du refus des subsides, fait que les communes
sont libres de se transformer en la nation, fait que la nation est maîtresse de sauter de la monarchie à la république.

La sorte des conséquences montre l'impertinence du
principe.

Certes on a beau jeu à répondre, que la lettre de la
charte n'autorise nullement cette prétention, que l'esprit
de la charte tel qu'il émane de son auteur, la repousse
évidemment;

Et que la lettre, l'esprit, fussent-ils d'accord sur ce
point, encore la prescription serait nulle de plein droit,
attendu que la monarchie passe avant tout, et qu'ainsi
la monarchie cesserait d'être.

Mais une telle parole est trop brève, trop sèche.

L'esprit faible et le débile cœur ne se résignent pas à
mettre au net la question, à trancher le nœud, d'un seul
coup.

On se laisse dériver du point fixe de la vérité, de la nécessité des choses, jusqu'à reconnaître le droit du refus
des subsides; s'imaginant atténuer les périls, en le revê-
tissant de l'épithète de droit absolu.

« Il est trop vrai, dit-on : l'arme vous appartient; vous
pouvez en faire usage; vous ne devez pas en faire abus. »

Puis on se met à préciser le terme équivoque, où finit
l'usage, où commence l'abus : oubliant que le droit ne se
soumet à quelque réserve, qu'à l'appel de la force, et qu'au
moment de l'aveu, la force s'est échappée des mains.

Même dans le trouble des intelligences, qu'envahit et

domine à l'insu de la volonté, l'esprit, le vertige du siècle, on n'a pas encore saisi l'argument décisif.

Il est fait mention de l'absolutisme : mais duquel?

Serait-ce celui de la couronne? Que dire de ce revenant? Ses partisans sont réduits au nombre tout juste de ses artisans. A commander par lui, les amateurs s'offrent en foule ; pour obéir à lui, chacun s'esquive en hâte.

Est-ce celui de la chambre, des collèges? Il y a à parler de ce nouveau venu. Quelque pressentiment ce semble, de toute part, se prononce en sa faveur.

Ainsi, il entre volontiers en tête, que le droit absolu du refus des subsides, est conféré à la chambre élective : et nul esprit n'est venu à entendre que la charte s'exprime en termes identiques, à l'égard de cette chambre et de la chambre haute.

Art. 48 : Aucun impôt ne peut être établi ni perçu, s'il n'a été consenti par *les deux chambres*.

Si l'une ravit, usurpe le droit, aussitôt l'autre en est investie au même titre. Ce que peut celle-là, celle-ci le peut ; toutes deux à leur bon plaisir.

Or l'emploi d'un tel droit frappe comme un coup de massue, porte le coup de grace.

Point de milieu : si la chambre haute en use, la voilà souveraine : si elle ne s'en sert pas, la chambre basse s'en sert contre elle, et la voilà esclave.

En tout cas, il n'y a plus qu'une Chambre. Et déja il n'y avait plus de royauté : et bientôt il n'y aura plus de nation.

Telle est la fin inévitable, irrésistible.

D'un bord, pour jeter à bas le cabinet qui tombera au premier jour, s'il ne marche pas droit ; de l'autre, pour s'installer aux sièges du conseil, où on ne tiendrait guère, sous le feu croisé des anciens et des nouveaux ennemis :

C'est l'Etat, c'est la patrie, s'il en était encore, qu'on ruine, qu'on perd.

~~~~~~

La réfutation de l'écrit intitulé : *du Refus des subsides*, publié sous le titre : *du Gouvernement constitutionnel et du refus de l'impôt*, donne lieu à quelques observations préalables.

D'abord l'honorable député qui s'est chargé de cette tâche, voudra bien se persuader que l'auteur *du Refus des subsides* n'est point *l'organe d'une opinion qu'il défendrait moins par conviction que par devoir*, et se reposer *sur l'assurance que l'intérêt de la vérité est le seul qu'on ait eu en vue.*

De plus, il est prié d'entendre qu'un nom auquel nulle influence ne s'attache, sous le rapport de la renommée, est fort inutile à afficher en tête d'une brochure, comme aussi qu'un nom assez généralement connu, n'a pas besoin d'apparaître sur le titre, pour être chargé de la responsabilité de l'œuvre.

Il reste à remplir le devoir si rarement imposé de nos jours, de rendre hommage et à la bonne foi qui se manifeste dans la réfutation, et à la politesse qui y est observée constamment : l'une et l'autre dont le contraste est si frappant avec la
~~~~~~

(6)

manière dont *le Constitutionnel* a parlé du même écrit et de quelques autres (1).

L'auteur est profondément pénétré du dogme de l'égalité et fortement entraîné vers le dogme de la souveraineté du peuple ; non sans entrer au moins de ses vœux et même de ses espoirs, dans l'ordre positif des choses, auxquelles cependant ses principes ont peine à s'accommoder.

Son écrit présente de ces traits de loyauté vraiment militaire, maintenant peu commune.

« N'oublions pas que cette charte est l'œuvre de la royauté. » (p. 18.)

« Le monarque ne doit pas encourir la seule possibilité du blâme. » (p. 32.)

« Son intelligence et sa volonté, sources de tout bien, demeurent étrangères aux maux qui pourraient être opérés en son nom. » (p. 33.)

----

(1) Voici un échantillon des titres dont l'auteur a été gratifié par *le Constitutionnel* (22, 24, 26 décembre et 11 janvier.)

« Une de ces pestes publiques.... une de ces plaies d'E-gypte.... une de ces sauterelles faméliques.... un de ces insectes voraces et venimeux.... un libelliste vomissant des turpitudes.... un courtisan ou mercenaire de la trésorerie.... un maneuvre en dictature contre-révolutionnaire.... le plus illuminé des lévites du tabernacle monarchique.... enfin l'auteur du livre des paraboles jésuitiques, en tête duquel on lit en gros caractères : LA ROYAUTÉ.

Au reste, jamais le signe d'une conviction absolue n'est apparu en une façon plus éclatante, qu'au moment où l'auteur, pressé par le besoin de combattre les maximes proclamées dans la brochure réfutée, se rencontre en présence de M. Royer-Collard, et entre franchement en lutte avec ce publiciste fameux.

Il faut mettre les textes en parallèle.

« On s'exprime mal, au moins on suit les traditions de la révolution, quand on lui attribue de représenter la nation. Non, la représentation nationale n'existe, elle n'est absolue que dans les trois pouvoirs . . . . Si donc la chambre des députés représente encore la nation, c'est la nation en présence du trône et de l'aristocratie, la nation dans cet état où elle a reçu la dénomination historique *de communes.* » (*Discours de M. Royer-Collard*, 1820.)

« Faisons au gouvernement fondé par la charte, l'application des principes posés. Deux pouvoirs y prédominent : le Roi d'un côté, et la nation de l'autre....

« La chambre des députés fait contre-poids à la puissance du Roi, comme le représentant légal de la nation.

« Faut-il que nous soyons encore si voisins des révolutions, et par cela même si ombrageux pour tout ce qui semble les rappeler, que ce soit presque une nécessité de justifier chaque expression qui réveille un souvenir ou blesse une susceptibilité......Oui, le représentant légal; nous n'en pouvons rien rabattre.

« C'est la chambre des communes en présence de la royauté. Et les communes sont-elles autre chose que la nation elle-même? La dénomination de députés des départemens n'est qu'une locution timide qui ne change rien à la chose. Les départemens ne sont-ils pas les grandes familles de la France? Et n'est-ce pas leur réunion qui compose la nation toute entière?» (*Du Gouvernement constitutionnel*, p. 17, 19 et 20.)

« L'inégalité résulte des grandes supériorités de tout genre, la gloire, la naissance qui n'est que la perpétuité de la gloire, la propriété ou la richesse............ Qu'est-ce que la chambre des pairs, si ce n'est l'inégalité reconnue, consolidée, érigée en pouvoir social, et par là, rendue inviolable et immortelle.» (*Discours de M. Royer-Collard.*)

« D'autres peuvent y voir *l'inégalité reconnue, consolidée et érigée en pouvoir social :* mais ce point de vue présente une toute autre association d'élémens constitutifs......

«D'ailleurs à quelle fin, cette inégalité érigée en pouvoir social?—*Pour la rendre inviolable et immortelle*, dit l'honorable auteur de la pensée.—

Mais ne l'est-elle pas par le fait, sans qu'il soit nécessaire de la consacrer légalement ?.....

« L'idée de l'inégalité érigée en pouvoir social nous semble appartenir plutôt à la féodalité du moyen âge qu'au régime constitutionnel. » (*Du Gouvernement constitutionnel*, p. 26, 27, 28.)

« Sur les débris de la vieille société renversée avec violence, une société nouvelle s'était élevée : cette société était barbare. Elle n'avait pas acquis le vrai principe de la civilisation, le droit.... La légitimité qui seule en avait conservé le dépôt, pouvait seule le lui rendre ; elle le lui a rendu.... Le droit a pris possession du fait ; la légitimité du prince est devenue la légitimité universelle. . . . .

« Tel est notre gouvernement. L'unité morale de la société y respire dans le monarque héréditaire. Le Roi légitime n'est pas une personne ; il n'est pas une institution ; il est l'institution universelle dans laquelle sont placées toutes les autres.... » (*Discours de M. Royer Collard.*)

« Comme l'auteur, essayons de poser les bases de la discussion par l'exposition de quelques principes.

« Comme lui, nous faisons dériver le droit, de la légitimité ; car où pourrait-il être ailleurs que dans ce qui est juste et légal.

« Mais la légitimité prise dans un sens absolu,

n'est qu'un mode secondaire, une résultante : elle doit son existence à la volonté générale, comme expression des intérêts de tous : c'est la loi.

« Hors de là, il n'y a plus de droit ; il n'y a que la force qui ne subsiste avec ses produits qu'autant qu'elle demeure force.

« La légitimité appliquée à la royauté dérive de la même source ; car d'où viendrait-elle, à moins que de la force?....

« C'est donc entourée de cette légitimité, que la royauté apparaît au milieu de nous, au jour de nos désastres, pour le salut de tous.

« C'est alors que le droit, prenant possession du fait, reconstitue la société sur les bases de l'intérêt général ; que l'état présent des choses impose comme conditions du nouveau problème politique. » (*Du Gouvernement constitutionnel*, p. 14 et 15.)

Or, de cette discordance d'opinions sur les principes fondamentaux de l'ordre social de France, entre deux députés de la même fraction de la chambre, il résulte ce semble :

Ou que les principes sont en eux-mêmes vagues, douteux, équivoques ; en sorte qu'il y aurait beaucoup de risques à mettre en pratique leurs conséquences apparentes, et qu'il y aurait peu de chances à en voir tirer dans des temps différens, des inductions semblables;

Ou que de 1820 à 1830, il s'est opéré, soit dans les convictions, soit dans les prétentions, une altération ou plutôt une révolution radicale; d'où on serait amené à rechercher de quelles causes provient l'accès critique, par quels remèdes il peut être guéri;

Ou qu'en ces momens, il existe un état d'inquiétude, d'anxiété, sous le joug desquelles l'esprit obsédé et offusqué, n'aspire qu'à se sauver de quelque ombre vaine qui le poursuit, ne craint point de se jeter à travers tous les périls; ce qui imposerait le devoir de l'éclairer, s'il y a moyen, autrement de le préserver de lui-même.

Quoi qu'on doive en croire, c'est chose constante que les maximes de légitimité, émanées d'une bouche dont jusqu'à présent les paroles étaient accueillies à titre d'oracles, ne sont plus appropriées au but qu'on se propose à cette heure.

Il a fallu se donner des principes de légalité de nature diamétralement opposée, dont les conséquences ou les inductions se développant à la commande des circonstances, ouvrissent les voies qui mènent droit à ce terme.

Cependant lorsque l'homme, le plus souvent à son insu, abandonne l'usage de la volonté vraiment active, et fléchit devant quelque volonté passive, que lui inflige ou la passion aveugle ou la nécessité prétendue, que doit-il arriver?

Telles ou telles fins lui sont comme imposées, le font plier sous leur irrévocable loi : c'est la fatalité qui donne ordre; il faut obéir.

Est-ce juste? est-ce utile? est-ce convenable? La question n'est plus là; il n'y a plus de question : on en est à la solution, au dénouement. Seulement qu'on cherche, qu'on trouve les moyens propres, les moyens suffisans.

N'importe lesquels; tous conviennent, pour peu qu'ils réussissent : les fins commandent les moyens.

Ainsi on a vu maintes fois les royalistes même, tantôt dans leurs attaques contre un ministère qui les glaçait d'effroi, mettre de côté toute crainte d'envahir sur la prérogative suprême; tantôt dans la défense de la royauté, que menaçaient les factions, emprunter du droit divin des couronnes, de tels argumens, que le nombre des ennemis s'en accroissait.

Ainsi, comme le nouveau cabinet inquiète les uns sur la charte, repousse les autres du pouvoir, et comme la proscription vient seule à l'aide dans l'impuissance de l'accusation, maintenant le parti opposé est réduit à l'invention du refus des subsides, et conséquemment à l'exaltation de la souveraineté du peuple.

Mais, en France, ce principe qui est conçu en

faveur de dix millions d'hommes de l'âge viril, n'est appliqué qu'à l'usage de 80 mille personnes ; et de nécessité, un second pas est à faire, non plus dans la sphère des abstractions, où les nobles esprits sont trop tentés de se perdre, mais bien sur le terrain de la réalité, où se débattent les cœurs voués à la passion ou possédés d'ambition.

En un mot, il faut franchir, il faut combler l'intervalle ou plutôt le vide existant entre la souveraineté nationale et la représentation électorale.

Il faut, après avoir consacré celle-là en droit et pour la forme, installer celle-ci dans le fait et au fond.

Le syllogisme s'établit ainsi :

La souveraineté nationale appartient à dix millions de citoyens ; donc 80 mille électeurs possèdent la souveraineté nationale.

Ceux-là n'ont point de rapports avec ceux-ci ; donc ceux-ci sont les ayant-droit, les ayant-cause de ceux-là.

Encore ces derniers sont contraints à se donner des organes : les 80,000 se réduisent, dans le creuset aventureux du scrutin, à 400.

C'est égal : 400 équivalent à 80,000, tout de même que 80,000 équivalent à 10 millions.

C'est égal : la représentation électorale est

identique avec la nation, est investie de la souveraineté.

Non-seulement tout droit, tout pouvoir, réside dans la chambre, tant qu'elle n'est pas dissoute.

De plus, lorsqu'elle est dissoute, toute justice, toute sagesse, toute prudence, se retirent dans les collèges, qui sont appelés à renvoyer ou à remplacer ses membres.

Soudain l'esprit d'en haut descend sur eux.

Qu'on lise plutôt.

« Le soupçon d'une connivence factieuse avec les collèges ne saurait être une supposition raisonnable ; car ce serait admettre que *la nation toute entière* peut n'être qu'un parti, qu'une faction.

« Si donc la chambre était réélue et l'impôt refusé de nouveau, il faudrait bien forcément recevoir cet arrêt, comme *l'expression vraie de l'opinion universelle.*

« Comment imaginer, en effet, que les 80 mille propriétaires les plus éclairés du royaume, puissent se laisser séduire au point de hasarder leur tranquillité, en soutenant une mesure dont ils ne peuvent manquer d'apprécier toute la gravité, si elle n'était pas considérée comme un moyen de salut. » (*Du Gouvernement constitutionnel*, p. 48, 49.)

Ainsi, la chambre d'abord, les collèges ensuite, sont infaillibles. On ne prétend pas mieux pour le saint siège: on ne prétend pas tant pour la couronne.

C'est la raison pure qui passe et se transmet, en s'amincissant quelque peu, et non en s'altérant en rien, par la filière des opinions successives; en premier lieu de dix millions de citoyens, en second lieu de 80,000 électeurs, en troisième lieu de 400 députés, en quatrième lieu de 20 ou 30 meneurs.

Et la conviction est pleine, est fixe, ne laissant pas la moindre ouverture aux insinuations du doute, aux suggestions du scrupule.

A peine se sentira-t-elle atteinte par une autorité du plus grand poids.

« Le choix du peuple ne peut être infirmé, ni par l'intervention des collèges électoraux, ni par l'action de la chambre des représentans. L'expérience prouve que plus les intermédiaires chargés d'exprimer ses volontés sont nombreux, plus il y a de danger que le peuple soit frustré dans ses désirs. Quelques-uns peuvent être infidèles; tous sont sujets à l'erreur....

« Mais, même sans corruption, en supposant que la probité du représentant soit à l'épreuve des motifs les plus puissans, la volonté du peuple est constamment exposée à être méconnne. L'un peut errer par ignorance de ce que désirent ses commettans, un autre par la conviction qu'il est de son devoir de s'en rapporter à son seul jugement....

« Dans de certains cas, l'élection appartient à la chambre des représentans, où, cela est évident, la volonté du peuple peut n'être pas toujours parfaitement constatée, et où, quand elle l'est, elle peut n'être pas prise en considération. » (Message du président des Etats-Unis, *journal du Commerce* du 12 janvier.)

Après l'exposition de cette théorie, à laquelle l'écrit est exclusivement consacré, jusqu'à la page 34, c'est en ces termes que s'exprime l'honorable député :

« Arrivons enfin à la question que nous ne pouvions discuter avec fruit qu'après nous être bien entendus sur les principes de notre gouvernement; car la question touche en effet, à l'essence et à la forme de notre système constitutionnel.

« Le droit du refus de l'impôt appartient-il à la Chambre élective?

« Est-il compatible avec l'exercice de la prérogative royale, avec le salut de l'Etat?

« Si les principes que nous avons émis sont justes ; si notre description du gouvernement fondé par la Charte est exacte ; si la corrélation établie entre les trois pouvoirs résulte de l'acte souverain qui le constitue, nous avons toutes les données requises pour la solution de la question. » (p. 34 et 35).

Or, il est vrai que les conséquences sont dûment extraites des principes avancés : comme il est vrai que le dogme suprême de la souveraineté du peuple n'est nullement astreint à se soumettre aux prescriptions de la Charte octroyée par la couronne.

Certes, le droit ou le pouvoir du refus de l'impôt cesserait d'être susceptible de contestation, aussitôt qu'il serait avéré, 1° que la souveraineté appartient, comme de droit divin, au peuple; 2° que la souveraineté est transférée, en quelque façon occulte, aux collèges des côtes de 300 francs; 3° que la souveraineté est inoculée par l'opération magique du scrutin, à la Chambre des députés; 4° que la souveraineté se voit exercée par celle-ci, avec loyauté dans les conceptions, avec sagacité dans les résolutions.

Même, ces points étant posés irrévocablement, c'est une œuvre surérogatoire, que de prendre en considération, soit le texte, soit l'esprit de la Charte constitutionnelle.

Toutefois, l'attention de l'auteur s'est fixée quelques instans sur le principe capital de la matière, sur le point décisif de la question, lequel avait été établi en ces termes simples :

« La Chambre a le pouvoir de récuser tel et tel impôt, tout impôt : la chambre n'a pas le droit de refuser l'*impôt*. » (*Du Refus des Subsides*, p. 28.)

Ce principe est littéralement extrait des articles 47 et 48 de la Charte; l'un qui parle de *toutes les propositions d'impôts* (au pluriel), l'autre qui se sert de cette expression formelle, *aucun impôt* ne peut être, etc.

Aussi, au sujet de l'art. 47, il dit avec la plus grande vérité :

« Ici, ce n'est plus la loi de l'impôt, ce sont toutes les propositions d'impôts. N'est-il pas évident qu'il s'agit de *certains impôts* qui, compris dans l'impôt général, sont susceptibles d'une discussion particulière..... Impôts qui tous pouvaient donner lieu à des propositions distinctes, sans toutefois cesser de figurer dans la loi de l'impôt. » (p. 38.)

Rien n'est plus évident ; on ne pouvait mieux exposer, mieux expliquer le point essentiel de la question. Il y a certains impôts à proposer à part, à discuter à part, et par conséquent à consentir ou à refuser.

Il n'eût pas été parlé autrement dans la brochure *du Refus des Subsides.*

Cependant l'auteur de la réfutation s'est laissé entraîner, en laissant de côté les articles 47, 48 et 49 qui se suivent, qui renferment toute la théorie du droit de l'impôt, et sautant par dessus trente articles intercalés dans le texte, à remonter jusqu'à l'art. 17, et à s'y arrêter, à s'y attacher.

L'auteur le rend par extrait, tel qu'il était rendu dans cette brochure.

« La proposition de la loi de l'Impôt doit être

adressée d'abord à la Chambre des députés. »

« Ne sommes-nous pas forcés, dit-il, de reconnaître que l'art. 17 embrasse l'universalité des impôts de toute espèce, sous la dénomination générale de *Loi de l'Impôt*......

« En effet, ce n'est pas de tel ou tel impôt qu'il s'agissait. La Charte, avant d'entrer dans les détails, devait d'abord fixer le principe ; c'est-à-dire assurer l'impôt tout entier. Il fallait avant tout le constituer, le légaliser, le rendre obligatoire. Voilà pourquoi il est ici présenté comme loi de l'impôt. C'est le budget tout entier. » (p. 56, 57.)

A ce sujet, il avait été observé seulement que cette locution, *la proposition de la loi de l'impôt*, n'était pas rigoureusement exacte ; en ce que la loi de l'impôt ou des recettes, prise à part, n'offrait qu'une pure abstraction, et devait être liée avec la loi du revenu ou des dépenses, sous le titre générique de la loi des finances. (*du Refus des Subsides*, p. 27.)

D'où, par une chicane plus plausible que mille autres, il pourrait être permis d'induire, si la couronne n'était pas disposée à interpréter le texte d'une manière large, que la loi des recettes seule, et non la loi des dépenses, devait être proposée d'abord à la Chambre des députés.

D'où, avec des motifs cette fois bien fondés, il serait convenable de remarquer, au moins lorsque les prétentions de spécialité menacent de transporter le gouvernement dans la Chambre, qu'en nul endroit, la Charte ne confère à la Chambre le droit de voter les dépenses, dont le nom ne s'y rencontre même pas. (*du Rapport sur le Budget*, juin 1829.)

Maintenant que l'art. 17 est cité à l'appui du droit de refus de l'impôt, il importe de le restaurer, de le rétablir intégralement.

« Art. 17. La proposition de la loi est portée, au gré du Roi, à la Chambre des pairs ou à celle des députés, excepté la loi de l'impôt, qui doit être adressée d'abord à la Chambre des députés. »

Il est à observer que l'article ne parle qu'à titre d'exception, de la loi de l'impôt, et que dans son sens général, il ne s'applique qu'au mode de la proposition de toute loi quelconque, de la loi abstraitement parlant.

Il faut se rappeler surtout que cet article se trouve compris sous le titre *des Formes du gouvernement du Roi*, et non pas sous celui de la Chambre des pairs ou des députés; qu'il fait partie de ce chapitre, qui aurait dû être intitulé, si le respect ne s'y était opposé, *des Droits et des Devoirs du Roi.*

Car tout s'y rapporte à la personne sacrée, depuis l'inviolabilité, l'administration, l'initiative, jusqu'à la sanction et la liste civile; entre lesquels points, sont insérées l'obligation du Roi de laisser discuter et voter librement les Chambres, et les garanties du Roi à l'égard des propositions de lois faites par les Chambres.

Mais, l'évidence s'élève au plus haut degré, en retirant la phrase exceptionnelle, et rédigeant l'article dans une forme régulière.

« La proposition de la loi est portée, *au gré* du Roi, à la Chambre des pairs ou à celle des dé-putés :

« La proposition de la loi de l'impôt, *doit* être adressée d'abord à la Chambre des députés. »

Dans le premier membre du paragraphe, c'est à volonté ; dans le second, c'est par devoir.

Dans l'un et l'autre membre, il est question seulement du Roi.

Or, de ce titre, la Charte passe à celui de la Chambre des pairs, arrive à celui de la Chambre des députés ; lequel, en 19 articles, renferme sans aucune réserve tout ce qui la concerne.

Après s'être exprimé en ces termes généraux, *la proposition de la loi est portée*, etc. ; ici, elle s'exprime en cette manière spéciale, *la Chambre des députés reçoit*, etc.

C'est qu'il s'agit de la Chambre même et de son droit, de son pouvoir ; c'est qu'il y a besoin et moyen à la fois de spécifier, de peser les mots, d'en préciser le sens.

Encore l'article 47 se borne à déclarer le droit de recevoir d'abord, toutes les propositions d'impôts ; sorte de formalité empruntée de la coutume anglaise ; formalité vaine et oiseuse, sous le rapport de la résolution, dont le pouvoir est conféré au même degré à la Chambre des pairs ; et seulement sage et efficace dans la vue de la discussion qui est toujours plus développée au sein de la Chambre investie en premier lieu.

L'article 48 seul, proclame le droit du consentement à l'impôt, et ses termes sont brefs, sont nets.

« Aucun impôt ne peut être établi ni perçu, s'il n'a été consenti, etc. »

Aucun : ce mot est à remarquer. *Aucun impôt* ne signifie point tous les impôts en masse, et signifie moins encore l'impôt en général.

Ce n'est donc pas à la masse des impôts, ce n'est pas à l'impôt total, que s'applique la condition de n'être pas perçu, s'il n'a été consenti.

Aucun, est un mot très français, qu'il n'est possible d'entendre que d'un fait, d'un point qui vient à apparaître, à se montrer à part des faits et des points déja reconnus, ou qui vient à être saisi, à être discerné au milieu de ces faits, de ces points.

Un nouvel impôt est proposé : il entre dans la catégorie désignée sous ledit titre, *aucun impôt.*

Un ancien impôt est discuté, est réprouvé, fût-ce même par la Chambre seule ; il se range aussitôt sous la même classification.

Aucun, ne peut être pris pour tous. Il ne peut même être confondu avec *chacun ; aucun* est comme de l'ordre négatif, et *chacun* de l'ordre positif.

L'expression de chacun sied à tel et tel élément, sied à tout élément ; en sorte que l'agglomération des élémens devant constituer la masse, on peut dire que la multiplication de ce qui est entendu sous le titre de chacun, forme le tout.

Il n'en est point ainsi de ce qui est entendu sous le titre d'aucun : cette expression ne convient qu'à un des élémens, à un seul élément, considéré à l'exclusion de tous les autres, détaché des autres par voie d'exception.

La chose est trop claire : c'est l'évidence, et c'est l'absurdité mises en présence, face à face ; principes ennemis qui ont cela de commun, que l'un et l'autre ne tombent point au pouvoir du raisonnement ; et qu'à vrai dire, il n'y a moyen de les démontrer, comme aussi il n'est besoin que de les montrer.

Un exemple doit être présenté à l'appui.

« Art. 49. L'impôt foncier n'est consenti que pour un an : les impositions indirectes peuvent l'être pour plusieurs années. »

Ici, et seulement ici, apparaît le mot, l'*impôt*, attendu qu'étant accompagné de l'adjectif *foncier*, il se voit précisé, spécialisé.

Et pourquoi n'est-il pas apparu dans l'article 48? Pourquoi n'est-il pas écrit en tête, au lieu de ces mots, *aucun impôt*, ces mots ou plutôt ce seul mot, l'*impôt*.

Il y a quelque motif; il s'est fait un choix : la langue n'a pas varié entre deux phrases qui se touchent; si le texte est différent, le sens est différent.

Or, qu'est-ce qu'aurait signifié ce texte supposé? *L'impôt ne peut être établi ni perçu, s'il n'a été consenti*, etc., etc.

Justement ce qu'on prétend être; c'est-à-dire le droit de consentir ou ne pas consentir l'impôt en général, le droit d'accorder ou de refuser les subsides.

Et qu'est-ce que signifie le texte existant? *Aucun impôt ne peut être*, etc.

Non pas le même sens; mais un sens différent, mais un sens contraire: car d'autres mots disent autre chose.

Justement ce qu'on prétend ne pas être, c'est-à-dire l'absence, le néant du droit de consentir ou ne pas consentir l'impôt, d'accorder ou de refuser les subsides.

Pressons l'exemple encore, attendu que l'exemple parle souvent à qui n'entend pas la raison.

L'article 49 distingue l'impôt foncier, les impositions indirectes, et divise l'impôt en un nombre indéterminé d'impôts ; c'est comme en détail, non pas en gros, qu'il les soumet au consentement.

Quant à l'impôt foncier, le sens commun, l'antique usage, apprennent que la stipulation n'a pour objet que de nécessiter la convocation annuelle des Chambres.

Dans la vérité, tel est le point où réside la garantie de l'ordre constitutionnel ; et l'aveu coûte peu de dire, qu'à défaut de cette convocation, l'impôt foncier cesserait d'être obligatoire; comme aussi de l'autre bord, il doit en coûter peu d'avouer que, par le fait seul de la convocation, les Chambres sont mises en pouvoir de faire, autant qu'elles ont le droit de faire.

Cependant les impositions indirectes peuvent être consenties ; et pour la totalité, car l'expression est générale ; et pour vingt, pour cinquante années, car il n'y a aucune limitation.

Ainsi les tabacs sont votés formellement pour six ans; ainsi les droits de douane, d'accise et d'enregistrement, les patentes, l'impôt mobilier, etc. sont tacitement votés, sauf quelque chance de modification, pour un nombre indéfini d'années.

Au fait, sous la réserve d'une chance éventuelle, ces taxes auraient été votées sans répugnance, sans opposition, pour plusieurs années, sur la simple demande du gouvernement.

Et dès-lors que cela est licite, est possible, c'est de là qu'il faut partir pour entendre le sens de la Charte.

Mais voyez, si les impositions indirectes, qui forment les trois quarts du revenu public, étaient ainsi votées à terme éloigné, en quoi et sur quoi viendrait s'exercer le refus des subsides.

Voyez comment, à l'ordre du hasard, tantôt la Chambre aurait tout le pouvoir et n'aurait nul pouvoir ; comment la Charte tantôt aurait toutes les garanties et n'aurait nulles garanties.

Donc la prétention du droit du refus des subsides dépasse les bornes de l'inconséquence, et pousse jusqu'au point de l'extravagance ; du moins en ce que ce droit est censé contenir la consécration du pouvoir de la Chambre et des garanties de la Charte.

Donc cette consécration n'est point attachée à un tel moyen, qui manquerait au moment du besoin.

Donc un tel moyen qui n'est invoqué en principe, qui n'est appuyé en argumens, qu'en vertu de la nécessité de cette consécration, étant hors d'état de répondre aux fins assignées, tombe à néant.

Il ne s'agit plus de rechercher le sens de la Charte; il suffit de présumer dans la Charte, quelque sens (1).

---

(1) Il n'a pas encore été observé que l'art. 49, ne distingue que l'impôt foncier, qui seul est réel et fixe : et qu'il confond avec les impositions indirectes, toutes les autres contributions, qui sont personnelles et variables.

Telle est la nature humaine (et ici on entend parler de soi-même autant que de tout autre), que les êtres doués de loyauté et de sagacité, sont cependant exposés à l'emportement des passions, à l'entraînement des préjugés, à l'enivrement des systèmes.

Même, la bonne foi, répugnante à se défier, donne plus de prise à l'influence étrangère ; et le sens droit, poussé sur de mauvaises voies, ne tente plus de remonter aux vrais principes, se borne à tirer des conséquences justes.

Seulement ces deux qualités ont cela de propre, que l'une trop incapable de dissimuler, que l'autre trop habile à discerner, parfois laissent percer quelques traits épars de vérité, à travers les ténèbres de l'erreur : prêtant elles-mêmes des armes dont se sert l'opinion adverse, pour les combattre, peut-être pour les convaincre.

Ainsi certains passages de l'écrit en question jettent la plus vive lumière sur des points de grande importance.

Il faut les transcrire : et cela suffit à la rigueur, attendu qu'ils présentent une série de considérations qui se lient et s'enchaînent, qui partant des faits avérés, ne s'arrêtent pas avant d'être parvenues à manifester la vérité, disons mieux, la nécessité des maximes exposées dans la brochure réfutée

« Sans doute la royauté ne pouvait vouloir détruire, car elle n'eût point créé.

« C'est donc dans une intention de perpétuité, qu'elle a dû calculer ses combinaisons; de telle sorte que chacune des trois puissances qui sont en action, en concourant à l'objet final du système entier, ne pût ni nuire aux deux autres, ni en recevoir de dommage. » (p. 16.)

« Les diverses attributions, qui ne sont que les conditions nécessaires de l'action du pouvoir exécutif, n'auraient point suffi pour mettre la royauté à l'abri des entreprises d'un pouvoir rival : pouvoir d'autant plus redoutable, que son activité est constamment entretenue par la fermentation intestine des élémens qui le composent, et par l'influence extérieure des opinions qui ont présidé à sa formation (p. 21). »

« Une méditation profonde sur la tendance à l'usurpation, propriété inhérente à la nature des deux grands pouvoirs sociaux et commune à l'une et à l'autre, a dû faire redouter pour l'avenir les résultats funestes et probables de leurs efforts opposés. » (p. 23.)

« Il est un intérêt qui prédomine tous les autres, celui de conserver ce que l'on possède, et toute chambre librement élue représente cet intérêt....

« De cette présomption fondée, doit naturellement résulter la probabilité rassurante que la chambre ne se porterait à des mesures extrêmes, qu'autant qu'elle jugerait en effet les institutions en péril et la tranquillité menacée. » (p. 45.)

« La faculté du refus de l'impôt, conférée à la chambre élective, comme sa prérogative distincte, en constitue le *veto*, dont elle peut user comme d'un droit qui lui est propre, sans sortir de ses attributions, quelles que puissent être les conséquences de l'exercice de ce droit ; car c'est pour agir de toute sa puissance, qu'il lui a été donné. » (p. 57.)

Reprenons et rapprochons.

« La royauté ne pouvait vouloir détruire (et moins encore se détruire). » (p. 16.)

« N'oublions pas que cette Charte est l'œuvre de la royauté. » (p. 18).

Donc tout ce qui est dans la charte y est de par le Roi, donc rien n'y est contre le Roi.

« Le Roi aspirait à fonder sous les auspices de sa dynastie, les destinées de la France ; il n'entendait pas l'exposer à perdre l'héritage des siècles. » (*du Refus des Subsides.*)

En principe, les deux écrits s'accordent et ont

raison ; dans les conséquences, l'un et l'autre diffèrent, l'un ou l'autre a tort.

Or, au sujet de l'outil du refus des subsides, examinons en quelles mains il serait remis, de quelle puissance il est doué, vers quelles fins il doit être dirigé.

En quelles mains serait-il remis ?

C'est l'auteur même qui prend la tâche d'en tracer l'esquisse.

« Le pouvoir rival est *d'autant plus redoutable*, à cause de la *fermentation* intestine de ses élémens, à cause de l'influence extérieure des opinions....

« La tendance à *l'usurpation*, propriété inhérente aux deux pouvoirs, a dû faire *redouter* les résultats funestes de leurs efforts opposés....

« De cette *présomption*, doit résulter la *probabilité* que la chambre ne se porterait à des mesures extrêmes, qu'autant qu'elle *jugerait* les institutions en péril. »

Ainsi, la fermentation intestine et l'usurpation inhérente sont investies, à titre souverain, du maniement de l'outil, sont autorisées à en user d'après leur jugement sur le péril, sans qu'on ait à se rassurer à l'égard des mesures extrêmes, qu'au moyen d'une probabilité appuyée sur une présomption.

Mais, qui donc ne tremblerait pas ?

De quelle puissance est-il doué?

Supposez que le cœur soit paralysé soudainement, et cesse d'entretenir la circulation du sang : telle est l'image sensible du refus de l'impôt, *sans lequel la vie du corps social est suspendue, ou du moins menacée.* (p. 8.)

« Cette faculté conférée à la chambre élective en constitue le *veto.* » (p. 57.)

Le *veto :* c'est la dictature négative ; le droit de ne vouloir rien est identique avec le pouvoir de vouloir tout. Y aura-t-il encore un corps social ? Ne restera-t-il qu'un cadavre ? Le *veto* en fait choix.

Cela rappelle le *roi veto* dont la république se débarrassa à coups de canon. Conçoit-on que la monarchie se soutînt autrement contre la *chambre veto?*

« Il n'en faut pas davantage pour repousser le prétendu droit du refus des subsides ; car, avec ce moyen, d'abord justement employé, si l'on veut, ensuite iniquement appliqué ; la monarchie, la dynastie, la loi salique, tous ces dogmes préexistans et prééminens, qui n'ont point été appris par la charte, à la conscience publique, seraient bientôt anéantis. » (*du Refus des Subsides.*)

Vers quelles fins doit-il être dirigé ?

Le présent en gros de l'avenir : il suffit d'observer la route ouverte, la marche suivie, pour apercevoir le terme commun de l'une et de l'autre.

On pelotte en attendant partie ; on joue petit jeu en commençant, on finit par le va-tout.

Il ne s'agit encore que des ministres : pure vétille quant au but, mais non quant au mode.

A peine leurs noms sont donnés : l'arbitraire a porté l'arrêt fatal ; la loi des suspects s'est vue ressuscitée des vieux temps.

Il faut lire ces phrases, écrites de bonne foi et exemptes d'arrière pensée.

« L'accusation ne peut atteindre que les actes et non les *terreurs* fondées, *les périls imminens*, dont il n'est pas moins urgent d'affranchir l'Etat.... (p. 5o.)

« Ce sont les évènemens que le hasard amène ou que certaines situations politiques développent, qui tracent avec le temps, les limites incertaines d'une compétence dont la chambre reste en définitive; *le juge suprême.....* (p. 52.)

« La chambre ne fera-t-elle aucun compte du passé pour fonder les *prévisions* de l'avenir ? Hasardera-t-elle des espérances que les *probabilités* repoussent ? compromettra-t-elle enfin les destinées de l'Etat dans la crainte de paraître injuste et passionnée..... (p. 54.)

« Dans de pareilles circonstances, nous osons déclarer que la chambre userait sagement de son droit en refusant l'impôt, parce qu'il vaut mieux en effet *prévenir* un désastre que d'en poursuivre les auteurs. » (p. 55.)

Est-ce donc du despotisme, de la tyrannie, de l'inquisition ?

Les terreurs, les probabilités, les prévisions ! Puis, la mise en prévention ; puis, la compétence au gré du juge !

Mais voilà un jury révolutionnaire, un jury avec l'omnipotence absolue, un jury de conscience, sans règle, sans contrôle.

Dieu garde le Roi ! ou que le Roi se garde de ne pas voir les périls imminens, de ne pas croire aux prévisions, de ne pas vouloir de la prévention : car aussitôt et très rationnellement, les graves soupçons seraient reportés à sa charge ; aussitôt et très constitutionnellement, le juge suprême étendrait sa compétence jusqu'au trône.

Dieu garde les Français de tout rang, de tout état, de tout parti : d'autant que le pouvoir est fort sujet à passer de main en main, et que les ayant-droit ne répudient jamais le legs d'une jurisprudence expéditive.

A moins de se tenir strictement en l'état de momie, à tel ou tel titre, le coup menace.

Revenons aux ministres.

Ces hommes sont donc bien redoutables, bien formidables, qu'il faille à l'instant même, pour jouir du repos de la vie, non pas appliquer la loi à des faits, attendu que par malheur, dans l'espèce, d'abord il n'y a point de faits, et puis il n'y a point de loi ;

Qu'il faille non pas seulement inventer une loi à la queue des mille et une lois de la révolution ; mais plutôt interroger l'œuvre sacrée, et torturant son texte, trahissant son esprit, en extraire de force une maxime qui la met à néant.

Et vite, qu'on condamne au pilori ces perfides journaux qui jamais ne les ont classés que sous les rubriques de niais et d'insensés, de peureux et de fanfarons : fabriquant à leur destination, un être mi - partie à la Sancho, mi - partie à la don Quichotte.

Qu'importe, au reste. Les hommes, si grands qu'ils soient, sont si petits devant les choses ; les choses, si faibles qu'elles étaient, sont si fortes vis-à-vis des hommes.

Tâchons d'apprécier les terreurs, de préciser les périls.

Craint-on une ordonnance de réformation, et l'abolition de la charte, et la contre-révolution en toutes lettres ?

C'est facile à tracer sur le papier, à passer sous la presse, même à coller aux murailles ; au-delà, rien.

Il n'y n'aurait qu'à déguerpir du sol natal, qu'à

quêter un refuge aux pays étrangers; et là, à vivre de remords, de douleurs.

Est-ce là ce qu'on craint? ou plutôt n'est-ce pas ce qu'on désire? Car ce serait donner beau jeu et presque donner bon droit aux révolutionnaires. Les peuples leur tomberaient sous la main , les prendraient pour des sauveurs.

Le soupçon est un blasphême; la pensée est une sottise. La parole du Roi ne compte-t-elle plus? la tête des ministres ne compte-t-elle pas?

Or, sauf la contre-révolution , il y aura convocation des chambres. On sait quelle est la chambre, quels sont les collèges : il n'est possible ni de faire ou défaire des lois sans elle, ni de la renvoyer par-devant eux.

Eh ! mais, le pouvoir est à plaindre plutôt qu'à craindre, est à soutenir, à enhardir, plutôt qu'à ébranler, à effrayer.

Tel est le Français, que l'amour de la liberté ne lui parle pas, qu'il ne répond qu'à la haine de l'autorité. On ne l'entraîne à la liberté qu'en l'excitant contre l'autorité ; et d'autant qu'il est besoin d'exalter la fougue, la furie, d'autant le poison est versé à plus forte dose.

Ainsi le temps arrive, est arrivé peut-être, où, pour le pouvoir existant , il y a peu de chances de se rétablir, où, pour le pouvoir remplaçant, il n'y a plus de chances de s'établir.

Folles gens ! Ils travaillent à miner l'autorité légitime, à dissoudre le ciment de l'ordre social ; et c'est dans la vue, dans l'espoir de fonder sur ses ruines leur autorité, de relever, de raffermir l'édifice avec des liens de fer.

Cependant l'autorité est une, est identique : il intéresse peu d'où part le commandement ; rien ne touche que de se soustraire à l'obéissance.

Encore l'autorité en exercice se laisse tranférer à l'usurpateur qui l'enlève d'un coup de main ; mais avant qu'une conspiration de longue haleine ait réussi à s'emparer du siège suprême, l'autorité avilie, abattue par tant de manœuvres, a cessé d'exister.

Sottes gens ! Ils entendent, un jour venant, faire de l'oligarchie, peut-être de la monarchie, enfin quelque gouvernement de sorte ou d'autre ; car avant tout, après tout, il leur faut régner.

Et ces armes, ces outils, dont ils dirigent encore le coup, sont façonnés à l'usage, sont appliqués à l'œuvre par la licence, par l'anarchie.

Il semble de l'hydre à mille têtes, à une seule queue, qui, marchant à reculons et portant la queue en avant, traverse sans peine une haie épineuse, prête à se retourner aussitôt, à relever ses têtes dévorantes.

Vaines gens ! Ils s'imaginent au creux de leur cerveau, que cette foule, cette cohue qui se tient à leur suite, sera toute heureuse et toute aise, au terme du triomphe, de se donner pour maîtres quelques parvenus de tribune, quelques revenans de l'empire.

Tandis qu'au contraire, une jeunesse dogmatiquement libérale, une peuplade radicalement immorale ne s'engage ou n'est engagée sous leurs drapeaux, que pour vaincre à son compte, et ne serrent de si près les chefs, que pour leur passer sur le corps.

Qu'on se rappelle donc 1790, 91, 92, 93, 94, etc., etc.; car dans la bande, où est le Buonaparte.

Disons mieux : ces années seraient laissées bien loin en arrière ; le 19ᵉ siècle effacerait le 18ᵉ siècle.

Or, comment concevoir la démence, l'insanité à un tel point ?

Se jouer de l'impôt, juste ciel ! Et prêter à un corps constitué le droit, le pouvoir de l'abolir ! lui prêter l'idée, la volonté de l'abolir.

C'est-à-dire, supposer que la chambre veuille et puisse et doive mettre l'Etat à mort : car c'en serait fait, sauf que le roi légitime se résignât à subir la loi usurpatrice.

Le Roi, disent-ils, est tenu à céder : le Roi se rend responsable, condamnable, s'il ose résister.

Oui, vraiment : à peu près comme un homme serait tenu à se retirer, à s'enfuir de ses foyers, à l'ordre de quelque misérable qui, mettant en joue et posant le doigt sur la détente, lui crierait : va-t-en, ou je te tue.

Se jouer de l'impôt, juste ciel ! et provoquer les peuples à s'insurger au préalable, à s'associer sous la foi du serment, à l'effet de ne plus subvenir aux besoins de l'État : tantôt dans une certaine chance qu'on se réserve de produire à propos, tantôt dans de certains cas, dont chacun reste juge à son plaisir.

Certes, chose pareille ne s'était jamais vue : car il ne s'agit point d'un nouvel impôt arbitrairement établi, auquel les parlemens, les États avaient le droit et l'usage de s'opposer, auquel tout citoyen ou sujet est autorisé à se refuser, à l'exemple du trop fameux Hampden.

Le débat est tout autre : l'anathême se voit prononcé contre les impôts perçus de tout temps et passés en forme de lois, contre l'impôt même en son sens général, en sa fin essentielle.

Mais c'est commettre un forfait, un crime de lèse-patrie au premier chef : c'est compromettre au plus haut degré, la société, et dans l'ordre moral, en troublant le jugement, en corrompant les sentimens, et, dans l'ordre politique, en dissolvant tous les rapports, en abolissant toutes les garanties.

POST SCRIPTUM.

En tout cela, il faut remarquer quelle tendance de plus en plus précipitée, se manifeste dans le sens de la souveraineté du peuple, autrement de la suprématie de la chambre.

Bien qu'aucun indice ne soit apparu, bien qu'aucun prétexte ne soit offert, on trouve fort simple de présumer que la royauté se dispose à détruire son œuvre, à trahir sa foi : auquel titre, une sainte ligue est autorisée, est excitée à se former, afin de repousser la téméraire entreprise.

Et après que la thèse du droit de refus a été soutenue hautement, alors que les menaces de l'acte sont insolemment proférées, nulle peine ne semble assez grave, pour punir dûment, l'horrible attentat, contenu en ces paroles :

« Si donc, renouvelant les jours de 1792, 1793, la majorité refusait l'impôt; le Roi devrait-il livrer sa couronne, au spectre de la convention? » (Discours du procureur-général de Metz. *Journal du Commerce,* 20 janvier 1830.)

Sans doute ! Et sa couronne et sa tête par suite ; si telle est la volonté du peuple ! ! ! !

L'auteur de la réfutation a combattu avec des armes loyales et courtoises : son adversaire espère qu'il en sera jugé de même à son égard.

Tout débat politique a lieu entre les partis, entre les principes : la plume qui attaque ou se défend, reste hors de cause : les phrases seules lui sont propres ; la pensée lui est comme étrangère.

Toutefois, dans une discussion tellement grave, où on est forcé de presser vivement le sens des mots, l'intention la plus prononcée de tenir la personne à l'écart, court risque d'être frustrée.

Peut-être l'aveu de la crainte portera-t-il l'excuse du tort.

A parler vrai, il n'est question de l'auteur même, qu'au commencement de cet écrit : et ici, en se permettant de lui emprunter l'analyse si remarquable *du Refus des subsides*, c'est proclamer hautement la franchise de son caractère.

EXTRAIT

de l'écrit intitulé : du Gouvernement constitutionnel et du Refus de l'impôt, p. 7–13.

« Le discours de M. Royer-Collard (17 mai
« 1820), le rapport de M. le baron Pasquier
« (24 juillet 1829), le discours de M. le Garde-
« des-Sceaux (14 avril 1828), le rapport de M. le
« comte Siméon (5 juillet 1829), composent
« l'arsenal où l'auteur puise les armes dont il fait
« usage pour établir d'autorité, le système poli-
« tique qu'il présente comme produit légitime et
« forcé de la nature et de l'essence des choses,
« système au moyen duquel il restreint le droit
« du vote de l'impôt par les chambres, à la stérile
« faculté de discuter, et par suite d'admettre ou
« de rejeter tels ou tels impôts particuliers, et
« non leur ensemble réduit ou modifié, qui cons-
« titue l'impôt de l'Etat, lequel est destiné à
« pourvoir à ses nécessités, et sans lequel la vie
« du corps social est suspendue ou du moins me-
« nacée.

« Cette restriction résulterait, dit-on, du texte
« même des articles 17, 47, 48 et 49 de la charte,
« où l'impôt pris dans un sens général et absolu
« est distingué des impôts partiels ou passagers ;
« distinction qui constitue, à leur égard, une
« différence analogue à celle qui existe entre la
« loi considérée comme principe et les lois pré-
« sentées comme modes ou formes de son orga-
« nisation et de son action.

« Ainsi, de même que la loi porte le caractère
« d'universalité et de perpétuité comme source
« du pouvoir ; de même l'impôt, comme principe
« de vie du corps social, doit rester perpétuelle-
« ment inviolable dans les limites des nécessités
« de l'Etat.

« L'auteur cherche à confirmer son opinion
« par d'autres considérations d'un ordre plus
« élevé. Remontant à l'origine des choses, et
« s'appuyant de l'autorité d'un publiciste juste-
« ment célèbre (M. Royer-Collard), il fait dériver
« le droit, de la légitimité. La royauté qui s'en
« trouve investie devient l'institution universelle,
« dans laquelle sont placées toutes les autres. De
« sa toute-puissance naissent les deux chambres,
« qu'elle s'associe pour ne former qu'un tout, qui
« doit exister et se perpétuer suivant un ordre de
« corrélations constantes et sous certaines con-
« ditions déterminées, conçues dans l'intérêt de

« sa conservation. Voilà le gouvernement consti-
« tutionnel. C'est dans ce tout que réside l'omni-
« potence parlementaire. Ce sont ces corrélations,
« ces conditions déterminées, qui fixent les at-
« tributions, l'action et les contre-poids des trois
« pouvoirs qui le composent.

« De l'origine et de la filiation de ces trois
« pouvoirs suit rationnellement, pour la royauté,
« être primitif et créateur, le droit et le devoir
« de conserver l'œuvre de sa toute-puissance,
« s'il était menacé par l'un ou l'autre des pouvoirs
« associés.

« Ces principes posés, l'auteur examine la ques-
« tion du refus des subsides sous les différens
« rapports qu'elle peut avoir avec l'ordre, la
« forme et le but du gouvernement.

« L'exercice d'un tel droit enchaînerait, selon
« lui, la liberté royale, en lui imposant, ou la
« révocation, ou le choix de tels ou tels minis-
« tères, qui, soumis à leur tour à la même do-
« mination, perpétueraient le scandale d'un dé-
« sordre toujours croissant et irrémédiable ;
« parce que le refus du budget suppose une con-
« fiance fondée dans la disposition des collèges
« électoraux, et rendrait illusoire tout recours à
« de nouvelles nominations.

« Le refus de l'impôt, dit l'auteur, fait avorter
« la prérogative exclusive de l'initiative royale.

« Il investit la chambre élective de l'omnipo-
« tence parlementaire qui fait la loi. Alors, n'a-
« gissant plus à titre d'autorité instituée, elle sort
« de la sphère constitutionnelle; l'équilibre est
« rompu, et le système entier s'écroule abîmé.

« Il y a, dit-on encore, usurpation par le refus
« de l'impôt; car c'est la chambre qui gouverne,
« puisqu'il dépend d'elle d'arrêter à son gré les
« mouvemens du mécanisme politique. Or, l'u-
« surpation équivaut à l'abdication; car, en vio-
« lant la règle constitutive de ses droits, elle abo-
« lit le principe et annule les conséquences; elle
« a donc cessé d'exister.

« Telles sont les principales objections présen-
« tées par l'auteur contre l'exercice du droit ab-
« solu du refus des subsides, comme attribution
« de la chambre élective. Il est conduit à la lui
« dénier, parce que les effets qu'elle produit se
« trouvant en opposition avec les fins de son ins-
« titution, il y aurait contradiction dans l'œuvre
« dont elle fait partie, et par suite, incapacité
« d'unité et de vie.

« Aussi cherche-t-il à justifier la charte de
« cette imperfection par la distinction qu'il éta-
« blit entre l'impôt et les impôts, entre les mots
« accordé et *consenti*, expression textuelle qui
« ne se rapporte qu'à l'acte d'une puissance se-
« condaire et non supérieure et souveraine.

« Que si la charte elle-même paraissait obscure
« ou équivoque, il veut qu'elle soit appréciée
« moins par la lettre qui l'exprime, que par l'es-
« prit qui l'a dictée. Or, elle prend sa source dans
« la monarchie ; son esprit est donc monarchique
« par essence. L'intention de la renverser ne peut
« venir du pouvoir qui l'a créée. C'est donc en
« lui que doit résider le droit de conservation.
« C'est donc le mettre dans la nécessité d'en
« user, que d'attaquer ou de menacer son exis-
« tence, etc., etc.

« L'on ne s'est point astreint, dans cette ana-
« lyse, à suivre l'ordre des idées de l'auteur, ni
« à reproduire textuellement ses expressions ;
« mais on croit avoir saisi le vrai sens de sa dis-
« sertation, et n'avoir affaibli aucune des objec-
« tions, aucune des conséquences.

« La question ne nous semble pas décidée sans
« retour. Elle est d'une assez haute importance
« pour provoquer un nouvel examen, puisque de
« sa solution doit dépendre, au moins en théorie,
« le maintien ou la destruction de la charte,
« c'est-à-dire du gouvernement de l'État. »

A. PIHAN DELAFOREST,

IMPRIMEUR DE MONSIEUR LE DAUPHIN ET DE LA COUR DE CASSATION

Rue des Noyers, n° 37.